RAPPORT

DE

L'EXPÉDITION DE TLEMCEN

A

AÏN-TEMOUCHET,

Du 27 au 28 Septembre 1846.

RAPPORT

DE

L'EXPÉDITION DE TLEMCEN

À

AÏN-TEMOUCHET,

DU 26 AU 27 SEPTEMBRE 1846.

PARIS,

TYPOGRAPHIE FÉLIX MALTESTE ET Cⁱᵉ,

RUE DES DEUX-PORTES-SAINT-SAUVEUR, 18.

1847.

RAPPORT

DE

L'EXPÉDITION DE TLEMCEN

A

AÏN-TEMOUCHET,

Du 27 au 28 septembre 1846.

———◆———

Dans la nuit du 26 au 27 septembre, un détachement dont je faisais partie, composé des mêmes hommes que je devais commander le lendemain, se trouvait sous les ordres du colonel Tremblay, qui avait encore avec lui deux escadrons de cavalerie. Nous devions renforcer la colonne du général Cavaignac, campée sur l'Oued-Zetoun, lorsque des bruits alarmans, qui lui parvinrent au milieu de la nuit à El-Haïen, le forcèrent à nous faire rétrograder subitement sur Tlemcen. Arrivés à quatre heures du matin aux portes de la ville, nous y trouvâmes un fort convoi, escorté de tout ce qui restait de cavalerie disponible à Tlemcen, des Coulouglis, du train des équipages. M. le colonel Tremblay s'adjoignit à ce détachement, en prit le commandement, et les deux cents hommes d'infanterie rentrèrent en ville pour y occuper les différens postes.

Dans la journée, M. le chef d'escadron Bernard, commandant la place de Tlemcen, me prévint que j'avais le commandement de deux cents hommes qui devaient partir à sept heures du soir pour Aïn-Temouchet. J'étais en outre chargé d'un convoi de vingt mille cartouches pour cette destination, et deux cavaliers arabes devaient m'y accompagner comme guides. Ce détachement, généralement composé d'hommes malingres, de recrues arrivant de France et de convalescens de divers corps, déjà fatigués par la marche de nuit qu'ils venaient de faire, était en ce moment tout ce qui restait de troupes dans la garnison de Tlemcen ; une heure avant notre départ on les faisait relever de garde par la milice..... J'ignore au juste quelle était la nature des nouvelles que l'on reçut à Tlemcen dans la journée ; elles semblaient des plus inquiétantes par les mesures que l'on prenait quelques heures avant mon départ. On avait appris dans la journée le massacre presque général de la colonne de Djemma-Ghazouat, et on savait déjà que les Gossel, les Beni-Amer, nos plus proches voisins, ceux dont j'allais traverser le territoire, étaient en pleine insurrection.

A sept heures du soir je partis avec mon détachement réuni à la porte d'Oran ; il était composé de la manière suivante :

MM. Marin, lieutenant au 15e léger, commandant.
Hillairain, lieutenant au 4e de ligne.
Cabasse, chirurgien sous-aide.

15e léger.	85 hommes.
41e de ligne.	36
Zouaves.	21
8e chasseurs.	32
10e idem.	22
Train des équipages.	4
Total	200

Mon ordre de marche me prescrivait d'arriver à Aïn-Temouchet le 28 avant le jour; on me désignait les diverses stations à faire. Un doigt indicateur, dessiné en marge dudit ordre, et qui semblait devoir fixer plus particulièrement mon attention sur un paragraphe, me montrait cette phrase soulignée :

Surtout ne pas s'arrêter à El-Bredy.

Quelques-uns des points où je devais laisser reposer ma troupe étaient des douairs de garde sur la route que j'avais à parcourir. Tous étaient partis, et je n'en trouvai pas un seul sur l'emplacement qu'ils occupaient. Je ne tardai pas à m'apercevoir qu'il me serait impossible d'arriver au point du jour à ma destination. J'avais quatorze lieues à faire, et j'étais à peine à deux heures de marche de Tlemcen que les malades et les éclopés occupaient déjà toutes mes bêtes de somme. Mon arrière-garde, composée d'une dizaine d'hommes, un sergent et d'un caporal, marchait à cinquante pas de moi, et je lui avais adjoint M. le docteur Cabasse pour me prévenir lorsque les mauvais marcheurs me forceraient à m'arrêter. Malgré ces précautions, malgré l'allégement que je donnais aux plus faibles, en chargeant leurs sacs sur les mulets, la plupart ne pouvaient suivre, et j'étais obligé de m'arrêter tous les quarts-d'heure. Les uns se couchaient dans les buissons et se laissaient dépasser par l'arrière-garde; d'autres s'asseyaient en disant qu'ils ne pouvaient plus aller; j'étais obligé de faire des haltes continuelles. Je réunis ceux qui ne pouvaient suivre; je les fis marcher en avant pour moins les fatiguer : tout cela était inutile; un instant après les mêmes hommes m'arrêtaient encore.

Si j'insiste sur ce point, c'est qu'il est une des principales causes de ma rencontre avec l'émir. La plupart de mes hommes étaient ou épuisés de fatigue, ou réellement trop souffrans pour entreprendre une semblable course. Quelques-uns, arrivés depuis trois jours de Traras pour ramener les blessés de la colonne du général Cavaignac, étaient de garde depuis cette époque, et n'avaient pu être relevés qu'au moment de notre départ. J'ai la certitude que sans ces circonstances fâcheuses j'arrivais deux heures plus tôt à Sidi-Moussa, où l'émir débouchait un instant après moi.

Près de Lamignay, la nuit était fort sombre. Je rencontrai des douairs fuyant en désordre. Tous semblaient frappés d'épouvante et se dirigeaient sur la droite de ma route avec l'empressement du plus grand effroi. Des bœufs porteurs, des bêtes de somme chargées de bagage erraient sans conducteurs. Des femmes se sauvaient avec leurs enfans, en poussant des cris de terreur. Deux cavaliers arabes nous croisèrent; mes guides causèrent avec eux, et vinrent me dire qu'Abd-el-Kader était à trois lieues de moi, sur la gauche, et s'avançait de notre côté. L'un d'eux me conseilla, à plusieurs reprises, de retourner sur mes pas, et semblait hésiter à me suivre. Je le rassurai et continuai ma route, avec la prévision que je pourrais bien effectivement rencontrer l'ennemi. Eh bien! dis-je au docteur Cabasse et à M. Hillairain, laissons-les venir, une attaque de cinq à six cents cavaliers ne ferait qu'embellir notre voyage. Un peu plus loin, et sur notre droite, des cris de terreur, mêlés aux mugissemens des troupeaux, aux aboiemens des chiens, des cavaliers, qui hâtaient le départ des émigrans, me firent croire sérieusement que l'ennemi était plus près de moi que je ne le pensais. Des brouillards épais et une nuit obscure nous enveloppaient, et nous empêchaient de distinguer les objets à dix pas de nous. Je fis former mon détachement en carré; j'assignai à chacun sa place; je pris mes dispositions, en cas d'attaque, et j'envoyai mon guide à quelques pas en avant pour s'assurer de la cause de ce tumulte. Pendant ce temps, je fis ouvrir les gibernes, mettre les baïonnettes aux fusils; je dis à mes hommes de compter sur leurs chefs, de conserver du sang-froid, et j'attendis les événemens. Mon guide revint un instant après : c'étaient encore des tribus qui fuyaient, et qui, dans leur désordre, voyaient probablement en nous l'ennemi qu'elles cherchaient à éviter. Mon guide me réitéra avec instance le conseil de rétrograder; mais soit qu'il me répugnât de reculer devant un péril incertain, auquel, du reste, je pouvais être exposé en retournant à Tlemcen comme en continuant ma route, je résolus de pousser en avant. J'engageai fortement mes hommes à accélérer la marche (nous étions près de l'Isser); l'obscurité semblait augmenter encore les difficultés de notre position. Mon guide, me voyant disposé à poursuivre malgré ses avis, me dit d'un air résigné : « Hâtons-nous, et donne-moi des cartouches, car nous nous battrons. »

Je fis faire une halte de cinq minutes et j'arrivai au figuier sans m'arrêter. Le poste arabe qu'occupait la redoute l'avait abandonnée. Mes hommes étaient exténués, je leur donnai vingt minutes pour se reposer et prendre quelque nourriture. Je remarquai pendant ce temps la muraille de pierres qui l'entourait et fis observer à MM. Cabasse et Hillairain que nous pourrions longtemps nous y défendre si l'ennemi venait nous attaquer sur ce point.

Nous nous approchions d'Aïn-Temouchet; il était grand jour et nous commencions à espérer que nous arriverions sans obtacle à destination; nous repartîmes de là il pouvait être 7 heures du matin; mes hommes étaient dispos et je leur fis doubler le pas.

Après avoir dépassé le camp du Palmier, je découvris devant moi, à une demi-lieue environ, une vingtaine de cavaliers en dehors de la route; je pressai mes traînards d'entrer dans le rang et je fis resserrer mon avant-garde sur la gauche de mon détachement. Je fis entrer mes mulets dans l'intérieur de ma colonne, j'envoyai à deux cents pas en avant un sergent et quelques zouaves accompagnés par le docteur Cabasse qui se déployèrent en tirailleurs pour éclairer ma route, et je poursuivis sans m'arrêter. Ces cavaliers se déployèrent, ils semblaient se diriger sur ma droite et ne tardèrent pas à disparaître derrière un mamelon.

Je traversai promptement le ravin et la rivière de Sidi-Moussa, qui forment en cet endroit un creux assez profond, et ce n'est qu'en arrivant sur la hauteur, près de deux marabouts qui portent ce nom, que je m'aperçus que j'étais enveloppé de toutes parts et que l'ennemi me coupait la route. Des goums de cavaliers arabes se prolongeaient sur toutes les crêtes de droite et en avant d'Aïn-Temouchet; le point où j'étais dominait entièrement la plaine et je distinguais à une lieue et demie de moi les tentes de la redoute, mais il me restait à franchir les dernières côtes qui m'en séparaient.

Je jugeai prudent de m'arrêter et de me mettre sur la défensive. Je me portai promptement, et avec le plus grand ordre, sur un petit plateau à gauche de la route et fis former le carré à mon détachement. Ces dispositions étaient à peine prises, que des masses de cavaliers que je n'avais point encore aperçus débouchèrent de tous côtés et vinrent me cerner, mais en se maintenant à une assez grande distance de moi. Je compris en ce moment toute la vérité des appréhensions de mes guides; tous deux profitèrent de l'instant où je disposais mon détachement en carré pour s'enfuir. J'avais affaire à trois mille cavaliers environ, mais loin de communiquer à mes hommes mes réflexions à cet égard, je m'efforçai de pénétrer leur âme d'un énergique courage. Je fis décharger mes mulets dans le carré et défoncer mes caisses de cartouches, j'en distribuai à mes hommes et leur fis quitter leurs havre-sacs; alors je dis à ces jeunes soldats la gloire qui rejaillirait sur eux quand la France connaîtrait ce combat de deux cents fantassins contre trois mille cavaliers. Je rappelai au détachement du 8e chasseurs, qui formait avec le 10e ma quatrième face, le massacre de ce bataillon et quelle mission de vengeance nous avions à remplir; aux autres l'honneur de leur corps, le numéro de leur régiment; tous, électrisés par mes paroles, par le mâle courage du docteur Cabasse, qui préparait gaîment sa cantine d'ambulance et chargeait son fusil de chasse, tous me juraient de combattre vaillamment ; moi-même, arrivé au paroxisme de l'enthousiasme, m'animant de mes propres paroles, je sentais mon âme embrasée d'un feu sacré, d'une exaltation sublime. Je fis d'une cravate noire un drapeau que je plantai dans l'intérieur de mon carré, et là, m'adressant à mes hommes : « Enfans, leur dis-je, si nous mourons ici, nous n'y mour- » rons pas inconnus, voilà qui indiquera notre tombe. » Vive le roi ! » Ce cri, répété avec délire par mes hommes, a dû parvenir jusqu'aux masses qui nous environnaient. J'étais étonné de ce que l'ennemi se maintînt à une aussi grande distance et ne vînt pas m'attaquer. Espérait-il que je quitterais cette position pour me remettre en marche ? J'avais garde de le faire, car j'étais mieux disposé à la défense, formé comme je l'étais sur un plateau d'où je pouvais tout découvrir, qu'en m'engageant dans la côte de Sidi-Moussa à Aïn-Temouchet où il semblait décidé à m'attendre. Quelques Arabes se détachèrent des groupes, s'avancèrent isolément à portée de fusil de mon carré, et l'un d'eux, agitant son burnous, fit signe qu'il avait à nous parler. Je l'engageai à s'approcher, il refusa ; tout cela me surprenait de plus en plus. Pourquoi ne s'avançaient-ils pas sur moi étant si supérieurs en nombre ? Ne serait-ce point une réunion des Gossels, des Beni-Amer et des tribus voisines pour s'opposer au passage de l'émir ? Une grande partie des goums avait mis pied à terre et semblait s'occuper de toute autre chose que de vouloir m'attaquer. Un nègre, conducteur de mulets, me proposa d'aller vers ce cavalier et de lui demander ce qu'il voulait. Il me parut fort peu inquiet pour lui de l'issue de cette démarche ; peut-être même, avec la conviction de notre infériorité, se ménageait-il d'avance une porte de secours ; il fut enlevé par les cavaliers avec qui il courait. J'eus, un instant après, l'explication de cette trêve provisoire par l'arrivée de l'émir, qui débouchait sur ma gauche avec une colonne formidable. De ce moment, tout espoir de salut me fut enlevé. MM. Cabasse, Hillairain et moi nous nous serrâmes la main et nous comprîmes qu'il ne nous restait plus qu'à mourir. Je songeais avec angoisses que je me trouvais à douze lieues de Tlemcen ; j'étais encore plus éloigné d'Oran; je savais le général Cavaignac à égale distance sur ma gauche; la garnison d'Aïn-Temouchet se composait d'une centaine d'hommes seulement et se trouvait bloquée par les troupes qui m'en interceptaient la route. Je ne devais donc compter sur aucun secours. Je n'attendis plus que l'heure de l'attaque. Je pris le commandement des deuxième et quatrième faces que l'ennemi me parut vouloir charger plus vigoureusement. Je donnai à M. Hillairain le commandement des deux autres ; je défendis expressément à mes hommes de tirailler isolément sur quelques cavaliers qui s'avançaient en avant des goums, en leur faisant sentir la nécessité de ménager le feu de la face entière pour la première charge.

Djelloul, caïd des Beni-Amer, me reconnut et me dit en arabe que ce n'était pas le moment de faire de la fantasia. Je lui demandai en riant s'il voulait me faire la guerre avec un cheval boiteux que je lui avais connu à Aïn-Temouchet. Mon nègre revint en ce moment et me dit : « Abd-el-Kader est ici en personne, il te prévient » que, si tu lui rends tes armes et tes munitions il ne te » sera rien fait, sinon il va t'écraser. » Indigné d'une telle proposition, je fis répondre à l'émir que j'allais lui donner toutes mes cartouches, une à une, au bout de mes fusils. L'Arabe Ali partit lui apporter cette réponse.

Cependant un morne et sombre silence avait succédé à tout cet enthousiasme : c'était la résignation du désespoir. Le docteur Cabasse me proposa de tuer tous nos mulets pour ne pas les laisser au pouvoir des Arabes ; c'était mettre du désordre dans nos rangs, je le lui observai et n'en fis rien ; mais nous découvrîmes nos caissons de cartouches avec la résolution d'y mettre le feu quand l'ennemi pénétrerait dans le carré ; j'en prévins mes hommes et leur dis : « Enfans, avant d'être écrasés nous ferons de notre carré ce qu'un capitaine fait de son navire quand il est le moins fort : nous sauterons avec nos caissons plutôt que de tomber au pouvoir de l'ennemi. Je leur renouvelai l'ordre de laisser avancer les Arabes jusque sur la pointe de leurs baïonnettes pour que ce feu, l'unique qu'il nous fût permis de faire, leur devînt au moins aussi meurtrier que possible. Je me promenais devant les rangs, un cigarre allumé à la bouche, non par une sorte de forfanterie, mais dans le but de verser dans l'âme de mes soldats tout le sang-froid, tout le calme dont je me sentais pénétré, je leur adressai des plaisanteries en leur demandant s'ils s'étaient jamais trouvés à pareille fête ; tous étaient rassurés par mes paroles, par mon regard.

En ce moment les Arabes se disposèrent à l'attaque ; des colonnes nombreuses vinrent se placer vis-à-vis ma quatrième face, que formaient le 8e et le 10e chasseurs ; une nuée de cavaliers vint s'éparpiller sur les autres faces et j'attendis avec calme la première charge pour les saluer, à bout portant, d'un feu général ; c'était tout ce qui me restait d'espérances ! La suite, je ne la prévoyais que trop !.... Sur ces entrefaites, Ali revint près de moi et me rapporta qu'il avait vu l'émir ; que ce dernier me faisait dire qu'il avait juré de couper toutes les têtes une fois le combat commencé ; que la vie de mes hommes était en mon pouvoir et que je lui fasse savoir au plus tôt ma décision. J'appelle sur moi toute la colère de Dieu, si j'ai cédé dans ce moment à un sentiment de crainte ; mais l'idée d'un tel massacre, cette résistance évidemment impossible, cette alternative cruelle d'accepter une semblable boucherie ou de déposer les armes, m'ont donné la pensée de sauver mon détachement et de porter ma tête à l'émir.

Dans ce moment, j'ai mis dans une même balance la gloire qui rejaillirait sur mon nom après un tel combat, et le sang des deux cents hommes qui allaient me payer cette gloire. « Eh bien! j'ai dit : je serai déshonoré, je » perdrai la vie, mais je sauverai ces deux cents têtes. »

Ma détermination fut prompte comme l'éclair, je la signifiai à MM. Cabasse et Hillairain qui, tous deux, d'un généreux élan, me dirent d'offrir également leur tête à l'émir, et je sortis du carré. Cabasse, craignant de me voir massacrer, sortant des rangs cherchait à me retenir et me disait : Marin, nos généraux qui ne voient pas ce qui se passe ici, vous blâmeront peut-être. « Eh! que » m'importe, lui repliquai-je vivement, je vais mourir. Si » cet acte de ma vie est blâmé plus tard par mes géné-» raux, deux cents familles béniront ma mémoire. » J'écrivis au crayon un mot d'adieu à ma famille et je voulus détacher mon ruban pour le joindre à ce billet. Le détachement des 8e et 10e chasseurs croyant voir dans ce moment un acte de désespoir de ma part, m'empêchèrent de le faire.

Non! non! lieutenant, me dirent-ils avec force... « Gar-» dez votre ruban. » Et des larmes sillonnaient leurs visages. Je m'élançai hors du carré; je fus presque à l'instant entouré d'une foule de cavaliers; l'un d'eux me saisit par le bras en empêchant à coups de sabre les autres Arabes de m'approcher. Je demandai à parler à l'émir; on me fit donner un cheval et je fus conduit près de lui. Abd-el-Kader était assis au pied d'un des marabouts de Sidi-Moussa, entouré de ses principaux kalifas. On me le désigna, je m'approchai, lui remis mon sabre et lui dis : Tu as voulu que je décidasse du sort de mes hommes; eh bien! je leur sauve la vie; mais en n'acceptant pas le combat, je perds l'honneur, lui dis-je, en lui montrant mon ruban, prends donc ma tête, prends ma vie, car tu m'enlèves tout aujourd'hui. J'avais ôté ma cravate, et d'un signe énergique je lui expliquai ma demande. Le regard calme de l'émir ne me quittait pas et semblait vouloir me calmer, il me rendit mon sabre avec

bonté, et me fit dire par l'interprète placé près de lui : Il
n'y a pas de lâcheté à céder, à des forces aussi considéra-
bles que celles que je t'oppose ; accepte le sort que t'a
fait la destinée, tes hommes seront traités avec humanité,
aucun d'eux ne sera dépouillé et ils te devront une vie
qu'ils n'auraient pu défendre. Ne te chagrine pas, me
dit-il, en tournant sa main comme pour m'en montrer le
dessus et le revers ; voilà les chances de la guerre ! Aujourd'hui moi, demain vous. Dieu le veut ainsi. En ce moment MM. Hillerain et Cabasse arrivaient près de moi ;
inquiets sur mon sort, ils m'avaient écrit et leur billet
n'était pas arrivé jusqu'à moi. L'interprète leur répéta
les paroles de l'émir : un instant après le détachement ar-
rivait sans armes.